AF457446

CATALOGUE (N° 15)

ESTAMPES

ANCIENNES ET MODERNES

PORTRAITS

VIGNETTES

DESSINS

CATALOGUES ILLUSTRÉS

VENTE

HOTEL DROUOT — SALLE N° 4

Le Samedi 10 Février 1883

A UNE HEURE ET DEMIE PRÉCISES

Me Maurice DELESTRE	M. DUPONT aîné
COMMISre-PRISEUR	MARCHAND D'ESTAMPES
Rue Drouot, n° 27	Rue de Seine, n° 21

PARIS — 1883

CATALOGUE (N° 15)

ESTAMPES

ANCIENNES ET MODERNES

PORTRAITS

VIGNETTES

DESSINS

CATALOGUES ILLUSTRÉS

Portraits et Vignettes en lots

DONT LA VENTE AURA LIEU

HOTEL DES COMMISSAIRES-PRISEURS

RUE DROUOT, 9, SALLE N° 4

AU PREMIER ÉTAGE

Le Samedi 10 Février 1883

A UNE HEURE ET DEMIE PRÉCISES

Par le ministère de **M**e **MAURICE DELESTRE**, Commissaire-Priseur
rue Drouot, 27,

Assisté de **M. DUPONT** aîné, marchand d'Estampes,
rue de Seine, 21.

PARIS — 1883

CONDITIONS DE LA VENTE

Elle sera faite au comptant.

Les Acquéreurs paieront CINQ POUR CENT en sus des enchères, applicables aux frais.

Pour les Dessins, nous avons suivi les attributions du vendeur.

L'ordre du Catalogue sera suivi.

DÉSIGNATION

ESTAMPES

1 **Bein** et **Leisnier.** Billet d'invitation, d'après Chenavard. Eau-forte pure et épreuve d'artiste, toutes marges. 2 p. rares.

2 **Bérey** (chez). L'Histoire de la monarchie française, portraits de tous les rois depuis Pharamond jusqu'à Louis XIV. — Généalogie des ducs de Bavière. 2 broch. in-4.

3 **Carey** (Ch.). Le Mercredi des cendres, d'après Stevens. Belle ép.

4 **Caricatures** en noir et coloriées. 8 p.

5 **Chardin** (d'après). Sujets en réduction. 6 p. avant la lettre.

6 **Charlet.** J'obtiens de l'activité. — Le Soleil luit pour tout le monde. — Aux vieux grognards le tailleur de pierres. — Piété et impiété, etc. 9 p., belles épreuves.

7 **Costumes** en noir et coloriés. — Modes, etc. 65 p.

8 — De théâtre. — Pièces du Costume parisien. — Modes anglaises. — Costumes étrangers. 67 p., la plupart coloriées.

9 **Coypel** (d'ap.). Le Maître d'école, gr. par Lépicié. Belle ép.

10 **Desrais.** La triple Ivresse. Très belle ép., toute marge.

11 **Dévéria.** Lithographies diverses. 14 p.

12 **Divers.** Monument projeté à la gloire de J.-J. Rousseau. Belle ép.

13 — Fleurs et Oiseaux, en noir et coloriés. 97 p.

14 **Dubouchet.** Sujets d'après les tableaux du Musée de Lyon. 7 p.

15 **Eaux-fortes modernes**, par Flameng, Le Rat, Champollion, etc. 14 p., la plupart ép. d'artiste.

16 — D'après Gavarni, Meissonnier, Rosa Bonheur, G. Courbet, Fortuny et autres. 20 p., la plupart en ép. d'essai.

17 — Par Jacquemart, et bois tirés du catalogue L. Double. 19 p.

18 — De la Gazette des Beaux-Arts. 15 p.

19 **Eaux-fortes pures.** Corinne au cap Misène. — La Peinture, d'après Ducis, Montaigne et le Tasse, etc. 8 p.

20 — D'après des tableaux anciens et autres. 17 p.

21 **Fragonard** (d'après). Sacrifice de Callirhoé, par Danzel. Belle ép., toutes marges.

22 **Frontispices** anciens, Adresses et Programmes. 19 p.

23 **Gaujean.** Le Concert, d'après Schalken. Ep. d'artiste.

24 — Euridyce portant la tête d'Orphée, d'après Gustave Moreau. Ep. d'artiste non terminée avec remarques.

25 **Gavarni** (d'ap.). Vignettes pour les Voyages de Gulliver, Gil Blas, etc. 17 p. d'artiste et à l'eau-forte pure.

26 **Gérard-Fontallard.** Histoire d'une épingle. Suite complète de 16 p. coloriées, très belles ép.: dans la couverture de publication.

27 **Godefroy** (J.). Psyché et l'Amour, d'après Gérard. Belle ép.

28 **Gravures anciennes.** Le Serment du Jeu de paume. — La Révolution française. — Le Port du Havre, de Vernet. — L'Indiscret flamand, etc. 13 p.

29 — D'après Rembrandt, Le Brun, Berghem, etc. 18 p.

30 — Par et d'après Watteau, A. Kauffmann, Duplessis-Bertaux, etc. 7 p.

31 — D'après R. Lafage, Le Guerchin, Netscher, etc. 7 p.

32 — Gravures diverses, Lithographies de Charlet, etc. 9 p.

33 — Gravures diverses. 14 p.

34 **Greux** (G.). Le Fruitier, d'après Snyders. Ep. d'artiste et avec la lettre. 2 p.

35 — Une Table servie, d'après Berne-Bellecour. Ep. d'artiste sur japon.

36 **Henriquel-Dupont.** Le Christ consolateur, d'après Ary Scheffer. Belle ép.

37 **Hersent.** La Fiancée du roi de Garbe, Théocrite, etc. 4 p.

38 **Huet** (d'après). L'Amant pressant, par Legrand. Ep. coloriée.

39 **Hutin** et **Lesueur.** Les Œuvres de Miséricorde. — La Vie de Saint-Bruno. Ens. 29 p.

40 **Jacquand** (d'ap.). Le Comte de Foix, gravé par Rollet. Très belle ép. avant la lettre.

*

41 **Jacque** (Ch.). Les douze Mois, gravés par Adrien Lavieille. Suite de 12 p.

42 **Jazet**. Louis XVI recevant le duc d'Enghien au séjour des bienheureux, d'après Roëhn. Très belle épreuve.

43 **Leprince** (d'ap.). L'Amour à l'Espagnole, gravé par Saint-Aubin et Pruneau. Belle ép.

44 **Le Rat**. Le Dessinateur, d'après Lépicié. Ep. d'artiste et eau-forte pure. 2 p.

45 **Lithographies**, d'après Célestin Nanteuil, Eug. Lami, Corot, Gavarni et autres. 33 p.

46 **Marchal**. La Foire aux servantes, gravé par Nargeot. Ep. d'artiste.

47 **Meissonnier** (d'ap.). Le Liseur, par C. Nanteuil.— Le Musicien, par Mouilleron. 2 p. lithog.

48 **Mellan** (Cl.). Sujets religieux, statues. 7 p.

49 **Mercuri** et **Flameng**. Les Moissonneurs, d'après Léop. Robert. — Sujets, d'après Rembrandt et de Troy. 3 p., belles ép.

50 **Moreau le jeune**. Le Sacre de Louis XVI, à Reims. Très belle ép.

51 — Tullie faisant passer son char sur le corps de son père. Très belle ép.

52 **Prévost** (B.-L.). Hommage des arts. Portrait de Marie-Antoinette dans un médaillon porté par des génies, d'après Cochin. Ep. du premier tirage. Rare.

53 **Prévost** et **Sixdeniers**. Louis XIV bénissant Louis XV. — Endymion, d'après Girodet. 2 p., ép. d'artiste.

54 **Prudhon** (d'ap.). Le Triomphe de Napoléon, par Maurin, grand in-fol. Ep. avant la lettre sur chine.

55 **Raimondi** (Marc-Antoine). La Bacchanale. Belle épreuve.

56 **Vernet** (d'ap. Carle). Le Triomphe de Napoléon. Eau-forte pure.

57 **Vernet** (Horace). Mazeppa. — Mort de Poniatowski, etc. 5 p.

58 **Vues diverses**, par Silvestre, Méryan, Lalanne, Flameng, etc. 18 p.

59 — Vue du marché et de la Fontaine des Innocents. Gravure coloriée et montée en dessin. Rare.

60 — Vues de l'abbaye du mont Saint-Éloi. — Vues d'Auvergne. — Marines. — Médailles. 43 p.

61 — Vues de Londres et d'Angleterre, d'après Mackensie, Westall, etc. 22 p. en couleur.

62 — Vues d'Espagne, d'Italie, d'Egypte. — Peintures de l'église Saint-Jean, à Malte. 45 p.

63 **Waltner**, **Rajon**, etc. M. et Mme Vollenhoven. — Coffret en émail de Limoges. — Le Bateau de pêche. 5 p.

64 **Watteau** (Ant.). Les Habits sont Italiens... Ep. avec la première adresse. Rare.

65 **Wilkie** (d'ap.). Duncan Gray, gravé par Engleheart. Très belle ép., lettres grises.

PORTRAITS

66 **Adam** et **Mansfeld**. Marie-Anne, archiduchesse d'Autriche. — Ferdinand IV, roi des Deux-Siciles, etc. 4 p.

67 **Alix**. Louis XVIII, d'après Pasquier. Très belle ép. en couleur.

68 **Allais** et **Coutelier**. Portraits de Louis XVI. — Testament de Louis XVI. 3 p.

69 **Aubertin**. Portrait de Louis XVIII. Belle ép. en couleur.

70 **Audouin**. Le Duc et la Duchesse d'Angoulême. — Le Duc et la Duchesse de Berry. 4 p. in-fol.

71 **Baudet** (Et.). Charles Perrault, d'après Le Brun. Très belle ép.

72 **Baudry** (d'ap.). Portrait de Beulé, par A. Gilbert. Ep. d'artiste sur japon.

73 **Bligny** (chez). Philippe IV, roi d'Espagne et des Indes. Très belle ép., toutes marges.

74 **Boilvin** (E.). Eugène Delacroix. Eau-forte pure et ép. d'artiste. 2 p.

75 — Portrait de Gavarni, d'après lui-même, in-4. 2 ép. d'artiste en états différents.

76 — Henri IV, coiffé d'un chapeau, d'après Porbus. 3 ép. d'artiste en états différents.

77 **Bonnart**. Le Duc de Lorraine. — La Duchesse de Bourbon et autres. 6 p.

78 **Bracquemond** et autres. Champfleury. — Edmond Roche. — Clara Gazul (Mérimée). 3 p.

79 **Cardon** (A.). Georges III, roi d'Angleterre. Très belle ép., lettres grises sur chine.

80 **Céroni**. Louis XIV. — Le Comte de Grignan. 2 p. dont une en bistre.

81 **Chéreau** (F.). M. F. Geoffroy, d'après Largillière. Très belle ép.

82 **Clémens** .-F.). Frédéric VI, roi de Danemark. — Marie-Sophie-Frédéricque, reine de Danemark. in-fol. 2 p. très belles ép.

83 **Cochin** (D'ap.). G. Duchange. Ph. Cayeux. J.-B. Massé, etc., 6 p.

84 **Daubigny** (D'ap.). Portrait de Trimolet, graveur à l'eau-forte, dans son atelier. Ép. d'artiste.

85 **Debucourt**. Portrait de Louis XVIII, en pied. Belle ép.

86 **Delanaux**. Portrait de Fénelon, d'après Vivien. Belle ép. avec six vers manuscrits en bas.

87 **De Mare**. Portrait de Fragonard, d'après Le Carpentier, in-18. Eau-forte pure et ép. d'essai en bistre, sur japon. 2 p.

88 — H. Fragonard, d'après Le Moine, in-4°. Ep. d'artiste sur japon, avec remarque.

89 **Dequevauviller**. Portrait de Jefferson. Très belle ép. d'artiste sur chine.

90 **Desmadryl**. George Sand. Ep. avant la lettre sur chine.

91 **Duplessis-Bertaux**. Louis XVI montant au ciel. Eau-forte pure avec un croquis dans la marge du bas.

92 **Edelinck**. Antoine Arnauld, d'après J.-B. Champagne. Belle ép.

93 — Michel Le Tellier, chancelier de France. — François Mansard, architecte. 2 p. belles ép.

94 **Edelinck** et **Nanteuil**. Le duc d'Anjou. — Le duc de Bourgogne. — Anne d'Autriche. 4 p. in-fol.

95 **Gaucher**. Marmontel, Cervantès, avant la lettre. La Tour d'Auvergne. 3 p. toutes marges.

96 — Mellin-de Saint-Gelais. Du Bartas. Gustave III. la comtesse de Carcado. etc. 12 p.

97 **Gaultier** (Léonard). Nicolas de Heere, doyen de Saint-Aignan. Belle ép.

98 **Gérard** (D'ap.). Portraits en pied de Marie-Amélie, le duc de Berry, Frédéric-Auguste, roi de Saxe, la princesse Amélie de Bavière, etc. 7 p. sur chine.

99 **Gilbert** (A.). Portrait de Molière. Épreuve d'artiste sur japon.

100 — Philippe Rousseau, d'après Ed. Dubuffe. Épreuve d'artiste sur japon.

101 — Le même portrait. Épreuve d'artiste.

102 — La Famille Van Loo. Très belle ép. d'artiste, toutes marges.

103 **Goepffert**. Maximilien, prince palatin, duc de Deux-Ponts, d'ap. Dryander. Belle ép. en bistre.

104 **Graff** (D'ap.). Henri, prince de Prusse, gravé par Bause. Très belle ép.

105 **Hédouin** (Ed.) La duchesse d'Aumale, d'ap. Meuret, in-8. Ép. d'artiste. Très rare.

106 — Portrait de Charles Blanc, in-8. Ép. d'artiste.

107 — Portrait de M. Christophe, sculpteur, in-8. Ép. d'artiste.

108 — Portrait de M. Rossigneux, architecte, in-8. Épreuve d'artiste sur chine.

109 — Tourgueneff, poète russe, in-8. Ép. d'artiste sur chine.

110 — Portrait de Mme Du Barry, attribué. Épreuve d'essai d'une planche inédite.

111 **Henriquel-Dupont**. Auguste-Marie-Jeanne de Baden-Baden, duchesse d'Orléans. Belle ép.

112 — Portrait de Rachel, d'après Lehmann. Très belle ép. sur chine, marges in-fol.

113 **Houbraken.** Frédéric III, roi de Prusse, d'après A. Pesne, in-fol. Très belle ép.

114 **Klauber.** Charles-Frédéric, margrave de Bade, d'après Becker, in-fol. Belle ép.

115 **Lalauze.** Mme de Chauvelin, d'après Greuze. Épreuve d'artiste.

116 — Léon Guillard, ancien bibliothécaire de la Comédie-Française, in-8. Ép. d'artiste sur japon.

117 **Larmessin.** Portraits de personnages français et étrangers, 16 p.

118 **Le Beau.** Louis XV, roi de France, d'ap. Quéverdo. Très belle ép.

119 **Le Mire** (N.). Louis XVI, d'ap. Duplessis. Belle ép., gr. marges.

120 **Le Rat.** Portraits de Rameau, Gluck et Spontini. 3 p. épreuves d'artiste sur japon et sur chine.

121 **Leroux.** François Ier, roi des Deux-Siciles. — La Reine des Deux-Siciles, avant la lettre. 2 p. in-fol.

122 **Lévy** (G.). Marie-Fédérona, épouse d'Alexandre II, empereur de Russie, deux portraits différents. Ép. d'artiste avant toutes lettres.

123 — Les Fils d'Alexandre II, empereur de Russie. 2 ép. d'artiste, gr. papier.

124 **Lignon** et **Ulmer.** Louis, grand-duc de Bade. — Louis, grand-duc de Hesse, 2 p. in-fol.

125 **Louis** (Aristide). Napoléon, d'après P. Delaroche. Belle ép.

126 **Mariette** exc. Élisabeth de Bourbon, femme de Philippe IV. Très belle ép.

127 **Marillier** (D'après). Portraits de Laborde et Zurlauben, dans un entourage en forme de frise. Ép. avant la lettre tirée hors texte, sans marge.

128 **Masson**. Béranger, Horace Vernet, Ingres, Th. Gautier, etc. 7 p., plusieurs avant la lettre.

129 **Mechel** (Chr. de). Le général Bonaparte. Ép. lettres grises et avec la lettre. 2 p.

130 **Mellan**. Henriette d'Angleterre, Henri de Mesmes, Le Père Yves, etc. 9 p.

131 **Michel** (J. B.). Angélique Drouin, femme du sieur Préville, d'après Colson, in-fol. Ép. sans marge.

132 **Monsaldy**. (Marie-Louise, d'après Isabey. Ép. en couleur, toutes marges.

133 **Morghen** (Raphaël). L'archiduc Ferdinand III, grand duc de Toscane. Belle ép.

134 — Ferdinand IV, roi de Sicile. — Marie-Caroline, reine de Sicile, in-fol. 2 p.

135 **Muller** (F.). Guillaume, prince de Wurtemberg. Très belle ép.

136 **Nanteuil**. Denis de la Barde, évêque de St-Brieuc. Belle ép.

137 **Nargeot** (Adr.). La comtesse Du Barry, d'après Gaucher, in-8. Épreuve d'artiste, grand papier.

138 — La marquise de Pompadour. — La marquise de Parabère. In-8. 2 p., épreuves d'artiste, grand papier.

139 — Prosper Mérimée, 2 ép. avant la lettre, différentes.

140 **Nilson** (G. E.). Portraits étrangers. 9 p. belles ép.

141 **Pannier**. L'impératrice Joséphine, d'ap. Sandoz, — Marie-Louise et le Roi de Rome enfant. 3 portraits en pied, in-8, ép. d'artiste, grand papier.

142 — Portrait de M. Thiers en pied, dans son cabinet, d'après Sandoz, in-8. Ép. d'artiste sur Chine.

143 **Petit**. Louise-Henriette de Bourbon-Conty, d'après Pottier. Belle ép.

144 **Pollet**. Alfred de Musset, d'après Landelle. Ép. d'artiste sur chine, marges in-fol.

145 **Pontius** (Paul.). Henri d'Orléans, duc de Longueville. Très belle ép.

146 **Régamey** (F.). Portrait de Legros, peintre, in-8. — Eau-forte pure et ép. d'artiste. 2 p.

147 **Roger**. Portrait de Camoëns. Ép. avant la lettre.

148 — Louis XIV, Mme de Lavallière, Prince de Conti, duc de Bourgogne, etc. 22 p. marges, in-4.

149 **Saint-Aubin**. Guillaume Le Blond, Jos.-Ch. Roettiers, d'après Cochin. 2 p.

150 — Le Kain, d'après Le Noir. Très belle ép.

151 — Portrait de Necker, in-fol. Très belle ép.

152 — Victor-Amédée III, roi de Sardaigne, avec entourage de Choffard, in-fol. Superbe ép.

153 **Saint-Aubin** et **Prévost**. Portrait de Gessner. — Frontispice avec portrait de Sébastien Leclerc. 2 p., toutes marges.

154 **Sisco**. St-François de Sales, in-8. Épreuve d'artiste.

155 **Thomassin**. Sébastien Truchet, né à Lyon, auteur la Machine de Marly. Très belle ép. Rare.

156 **Vachez** (chez). Voltaire, en pied, d'après Ouden. — J.-J. Rousseau, d'ap. Mayer, in 8. 2 p.

157 **Vallot**. La duchesse de Berry, avec ses deux enfants, in-8. 3 ép. d'artiste en différents états, sur Chine.

158 **Van-Dyck** (d'après). Gaston de France, par Vosterman. — Marguerite de Lorraine. 2 p., belles ép.

159 — Isabelle Claire-Eugénie, par Vosterman. Très belle ép.

160 **Van Schuppen**. Louis XIV, roi de France, d'après W. Vaillant. Belle ép.

161 **Vendramini** (F.). Mlle George et Mlle Bourgoin, dans *Iphigénie en Aulide*, in-fol. Belle ép.

162 **Vermeulen**. Jacques Sirmond, jésuite. Très belle ép., marge.

163 **Vertue**. La princesse de Galles, le duc de Glocester, Henri III d'Angleterre, etc. 5 p.

164 **Winterhalter** (d'ap.). Le duc de Nemours. — La duchesse d'Orléans. — Léopold Ier. — Victoria, etc., en pied. 5 p., lettres grises.

165 **Winterhalter** et **Schroder**. Léopold, grand duc de Bade, avant la lettre. — Stéphanie, grande duchesse de Bade. 2 p. in fol. belles ép.

166 **Zimermann**. Portraits de princes et princesses de Bade. Bavière, Saxe, Savoie, etc., in-fol. 22 p.

167 ***Alexandre Ier***, empereur de Russie, par Agricola, Audouin et Dubois. 3 p, belles ép.

168 ***Berlioz***, par A. Gilbert, d'ap. G. Courbet. Ép. d'artiste.

169 ***Bourbon*** (Charles de), cardinal-archevêque de Rouen, par Osmont Want. In-8. Très belle ép.

170 ***Carpeaux***, sculpteur, par A. Mongin, in 8. Ép. d'artiste, sur chine.

171 ***Carrel*** (Armand). Sans nom d'auteur, in-8. Ép. d'artiste, marges in-fol.

172 ***Claretie*** (Jules). Gravé par A. Gilbert, in-8. Ép. d'artiste, grand papier.

173 ***Du Thé*** (Mlle). D'après Janinet, in-4. Eau-forte pure.

174 **Eugène** (Le prince). Portrait allégorique, gr. in-fol. Très belle ép.

175 **Eugénie**, impératrice. Buste gravé par Pauquet d'ap. Nieuwerkerkhe. Ép. d'artiste sur chine, grand papier.

176 **Frédéric VI**, roi de Danemark, par A. W. Bohm, in-fol. Très belle ép.

177 **Galerie de Versailles**. Portraits de Marie-Antoinette, la duchesse du Maine, Louis XV, Bossuet, etc., en pied. 33 p.

178 — Portraits de femmes. 87 p., très belles ép.

179 — Portraits de personnages célèbres. 104 p., très belles ép.

180 **Laplace** (P. S.), par Faulconnier. Belle ép., toutes marges.

181 **Lavater**, par Haid et Schmoll, in-4. 2 p.

182 **Marie-Antoinette**, gravé par Marckl, in-8. Ép. d'artiste sur chine, marges in-4.

183 — en pied, assise, in-8, par Mote. Ép. avant la lettre.

184 — Marie-Antoinette écrivant son testament. — Les Adieux de Louis XVI à sa famille. 2 p. in-8 avant toutes lettres.

185 **Marie-Anne d'Autriche**, reine de Portugal, d'ap. Ant. Léoni, in-8. Belle ép.

186 **Marie Federowna**, par J.-M. Will. Belle ép.

187 **Molière**, par Lalauze, in-8. Ép. d'artiste avec remarques, sur Japon.

188 **Moreau** (Hégésippe), gravé par F. Régamey, in-8. 2 ép. d'artiste en états différents, toutes marges.

189 ***Murger*** (Henry), entouré de scènes de ses poésies, gravé par Nargeot, in-8. Ép. d'artiste, sur Japon.

190 ***Necker***. Buste dans un médaillon avec branches de laurier, in-4. Très belle ép. en couleur.

191 ***Parny***, gravé par Fauchery et autre, in-8. 2 p. avant la lettre.

192 ***Pompadour*** (Mme de), en pied, par Flameng et Pauquet. 2 p. sur chine, gr. papier.

193 ***Princes et Princesses*** d'Angleterre, portraits anciens de tous formats. 17 p.

194 — d'Autriche. 23 p.

195 — de Bavière, Danemarck, Suède. 11 p.

196 — de Belgique, Pays-Bas, Wurtemberg. 37 p.

197 — d'Espagne, de Portugal. 18 p.

198 — d'Italie. 15 p.

199 — de Prusse, de Saxe, 12 p.

200 ***Révolution***. Portraits par Vérité, de la suite de Déjabin et autres, 23 p.

201 ***Robespierre***, in-8, sans noms d'auteurs. Ép. d'artiste, marges in-4.

202 ***Portraits divers***. Maria Serre, de Drevet. — Couronnement de La Fontaine, par Macret. — Bonaparte à la bataille d'Arcole, etc. 7 p.

203 — Marie-Antoinette, Mme de Staël, Voltaire, Montesquieu, etc. 24 p., plusieurs avant la lettre.

204 — Necker, d'Aguesseau, Fabert, Ant. Arnauld, Mlle Georges, Talma, etc. 8 p.

205 — modernes : Denon, Grim, de Thou, etc. 8 p., ép. d'artiste sur chine.

206 Portraits de la suite de Boulonois et autres, 25 p.

207 **Portraits** des suites de Daret et Boissevin. 12 p.

208 — de la suite de Desrochers. 124 p.

209 — de la suite d'Odieuvre. 64 p.

210 — de la suite de Montcornet. 47 p.

211 — Portraits de femmes des suites de Montcornet. Odieuvre, Larmessin. 27 p.

212 — de la suite de Ménard et Desenne. 60 p.

213 — des ducs et duchesses d'Étrurie, par Preisler et Haluech, in-fol. 10 p.

214 — Portraits de Boileau, Racine, Molière, Mme de Sévigné, Mme Renouard, etc., gr. par Saint-Aubin. 19 p.

215 — Portraits tirés de l'Almanach de Gotha. 20 p.

216 — du Plutarque français. 26 p., en partie sur chine.

217 — divers, de grand format. 24 p.

218 — avant la lettre. 42 p.

219 — en pied, avant la lettre. 9 p.

220 — Portraits étrangers. 25 p.

221 — étrangers, lithogr. 17 p.

VIGNETTES

222 **Béranger.** Vignettes de la suite de Lemud, in-8. 48 p., belles ép.

223 **Bernardin de Saint-Pierre.** Trois Vignettes et un Portrait de Hédouin, pour Paul et Virginie, in-8. Ép. d'artiste.

224 — Vignettes d'après Dutailly, Gérard et Johannot. 7 p. dont 4 en couleur.

225 **Bossuet.** Suite complète de quatre Vignettes et cinq Fleurons et Lettres ornées, gravés par Didier, d'après Lechevallier - Chevignard, pour l'Oraison funèbre du grand Condé, in-4, plus cinq ép. d'essai. Ensemble 14 p., ép. d'artiste.

226 **Caylus** (Mme de). Suite complète de quatre Vignettes in-8, et un Portrait, pour les *Mémoires*. Épreuves avant toutes lettres, plus une seconde ép. du portrait avant la bordure.

227 **Cooper.** Vignettes de Tony Johannot, pour ses OEuvres, 8 p. in-8. Ép. d'artiste, sur chine, tirées in-folio.

228 **Crébillon fils.** Suite complète de six Vignettes de Milius, in-8. Ép. d'essai.

229 **Delille.** Vignettes in-8, pour ses œuvres, 6 p., belles ép. avant la lettre sur chine.

230 **Delvau** (Alfred). Suite complète de vingt-cinq Vignettes in-8, par E. Benassit, pour les Heures parisiennes. Très belles ép. avant la lettre sur papier de chine, tirées in-4.

231 **La Fontaine.** Suite complète des cinq Vignettes in-4, d'après Gérard, pour Psyché et Adonis. Très belles ép. avant la lettre, toutes marges.

232 — Suite de Vignettes gravées par T. de Mare, d'après Fragonard, pour les Contes, in-18. 22 p. dont 2 ép. d'artiste.

233 Fables de La Fontaine, encadrées par L. Frolich, in-4 br.

234 **Molière.** Vignettes d'après Desenne, Hersent et Horace Vernet, in-8. 14 p.

235 — Vignettes diverses. 11 p.

236 — Rideau du théâtre de Molière, gravé par T. de Mare, d'après Coypel. Eau-forte pure sur japon.

237 **Moncrif**. Suite complète de six Vignettes, d'après P. Avril, pour les Contes, in-8. Ép. d'artiste, gr. papier.

238 **Rousseau** (J.-J.). Suite de trente-six Vignettes in-4, d'après Moreau et Le Barbier, (manque 2 p.).

239 **Scribe**. Vignettes d'après Alfred et Tony Johannot, pour le Théâtre, in-8, 58 p. Très belles ép. sur papier de chine tirées deux à la feuille.

240 **Shakespeare**. Vignettes pour le Théâtre. 18 p. gravées et lithogr.

241 **Voltaire**. Un Volume contenant quatre-vingt-neuf Vignettes de Moreau le jeune, édition Renouard, dont deux avant la lettre. — Vingt-six Vignettes d'ap. Marillier, pour le Diable boiteux, Gil Blas, etc. — et quarante et une Vignettes de la suite de Gravelot, in-4, pour les œuvres de Voltaire.

242 — Suite de sept Portraits en pied, d'après Desenne. Ép. d'artiste sur chine.

243 **Walter Scott**. Vignettes d'ap. Johannot et E. Lami, in-8, 11 p. ép. d'artiste sur chine, tirées in-fol.

244 — Réunion de quatre-vingt-seize Frontispices et Culs-de-Lampes, de Tony Johannot. Très belles ép. d'artiste sur papier de chine, tirées deux à la feuille.

245 **Vignettes diverses**, d'après Cochin, Monsiau et Marillier. 10 p.

246 — d'après Gravelot, Cochin, Monnet, Fragonard, etc. 25 p.

247 — d'après Moreau le jeune, gravées par Trière, Baquoy, Simonet, Dambrun et autres, in-4, 11 p. avant la lettre.

248 **Vignettes** d'après Moreau et Quéverdo. 10 p. avant la lettre, dont 2 à l'eau-forte pure.

249 — pour les œuvres de Voltaire, in-18. — Vignettes pour Restif de la Bretonne. 23 p.

250 — pour la Bible de Furne, in-8. 15 p. Belles ép. avant la lettre tirées in-4 et in-fol.

251 — pour la Bible de Furne. 18 p.

252 — d'après Desenne, Devéria, Johannot et autres. 30 p. avant la lettre et à l'état d'eaux-fortes.

253 — d'après Raffet et autres. 20 p. dont 14 avant la lettre.

254 — Suite de quatre Frontispices et deux Entêtes, pour l'Histoire anecdotique de l'époque Louis XVI. Très belles ép. d'artiste, gr. papier.

255 — Vignettes, par Flameng, Boilvin, Gaujean et autres. 20 p., la plupart avant la lettre.

256 — Fumés, par Vierge. 60 p.

DESSINS

257 BEAUME. Italiennes. 3 beaux dessins à l'aquarelle.

258 BLONDEL. Monuments élevés à la Concorde. 3 beaux dessins lavés de sépia et d'encre de chine.

259 BOILLY. Portrait d'homme. Beau dessin à la pierre noire.

260 BOILY (A.). Portrait d'Eugène Delacroix, 1818. — Girodet-Trioson. 2 jolis dessins à la pierre noire.

261 BOLOGNÈSE (Le). Intérieur d'un palais. Beau dessin à la plume lavé de sépia.

262 BURNIER. Fleurs. 2 aquarelles.

263 CAZENAVE. Henri IV quittant Gabrielle pour se rendre à la guerre. Joli dessin à la sépia. Signé.

264 CHASSELAT (Attribué à). La Lettre reçue. — Le Jeu de billard. 2 jolis dessins à la mine de plomb.

265 CHODOWIECKI. Portrait de jeune fille. Joli dessin à la sanguine.

266 DEMARNE (Attribué à). Paysages avec figures. 2 jolis dessins à la sépia.

267 DIVERS. Portrait de Pierre Dupré, premier consul de Carcassonne, député aux états-généraux. Dessin à la pierre noire rehaussé de blanc.

268 — Portrait d'homme. — Paysage. 2 dessins à la pierre noire et à l'encre de chine. Encadrés.

269 — Paysages. 20 jolis dessins à la sépia.

270 — Paysages à l'aquarelle et à la mine de plomb. 9 p.

271 — Paysages et Sujets. 8 dessins à la mine de plomb, à la plume et à la pierre noire.

272 — Vues d'Italie et autres; dessins et traits coloriés. 5 p.

273 FÉRAT (G.). Garibaldi combattant à la tête des volontaires, pendant la guerre d'Italie. Très beau dessin au crayon rehaussé de blanc (a été gravé).

274 GRIMALDI et NICOLO. Paysage avec figures. — La Justice. 2 dessins à la plume lavés de sépia.

275 GROISELLIER (De). Types militaires. 5 dessins à l'aquarelle.

276 HUBERT. Intérieur d'église. Beau dessin à la sépia.

277 JANET-LANGE. Miracle de saint François, aquarelle. — Vignettes pour un livre d'enfants, à l'encre de chine. 9 p.

278 MALLET. La Confidence. Beau dessin à la plume lavé de sépia et rehaussé de blanc.

279 MARÉCHAL, etc. Fauteuils. — ntérieur de salon. — Projet de décoration intérieure de la Chambre des députés. 4 beaux dessins à l'aquarelle.

280 MONNIER (Attribué à H.). Le Rendez-vous. Dessin à l'aquarelle.

281 NICOLLE (V.-J.). Ruines romaines. 2 jolis dessins à la sépia.

282 NOEL (Jules). Vue de l'Hôtel des Monnaies et du Pont-Neuf, prise du quai du Louvre. Très joli dessin à la mine de plomb rehaussé de blanc. Signé.

283 ORNEMENTS. Miroir entouré de figures de dieux et d'amours. Joli dessin à la plume lavé d'aquarelle.

284 — Plafond et rinceaux d'ornements. 3 beaux dessins à la plume lavés de sépia.

285 RIBALLIER. Invitation d'assister au souper donné au théâtre de la Renaissance, à l'issue de la 100e représentation de Giroflé-Girofla, le jeudi 18 février 1875. Joli dessin au crayon lavé d'encre. — Le croquis du même sujet. 2 p.

286 — Les Omnibus à Londres. — Les Champs-Élysées. La Fête de Jeanne d'Arc, à Orléans. — Sujets de chasse. 8 jolis dessins à la plume, lavés d'encre de chine et rehaussés de blanc.

287 ROEHN (D'après). Chasseur apprêtant son fusil. Dessin au crayon lavé d'encre de chine et rehaussé de blanc. On y a joint la gravure.

288 ROETTIERS fils. Médaille. Beau dessin à la sanguine.

289 ROMAGNÉSI. Le Martyre de saint Blaise. Beau dessin à la pierre noire rehaussé de blanc.

290 SAINT-AUBIN (Attribué à). Portraits d'homme et de femmes, de profil. 3 jolis dessins à la pierre noire rehaussés de pastel.

291 SAINT-GERMAIN (P.). Les Dames quêteuses. Dessin à la plume. Signé.

292 WATTIER. Scène de Gil Blas. Très beau dessin à la sépia rehaussé de blanc. Signé.

CATALOGUES ILLUSTRES

293 Catalogues de Tableaux anciens, composant la très importante collection de M. le baron de Beurnonville. Paris, 9-16 mai, 1881; in-4 br., illustré de 57 eaux-fortes et 2 photographies.

294 Catalogue de Tableaux modernes, composant la collection de M. Fr. Hartmann. Paris, 7 mai, 1881; in-4 br., illustré de 16 eaux-fortes d'après Delacroix, Millet et Th. Rousseau.

295 Catalogue des Tableaux modernes composant la collection de feu M. Ed. L. Jacobson, de La Haye. Paris, 28-29 avril 1876; in-8 br., illustré de 20 eaux-fortes.

296 Catalogue de Tableaux anciens de l'École hollandaise, formant l'importante collection de M. M. K***. Paris, 3 mars 1879; in-8 br., illustré de 11 eaux-fortes.

297 Catalogue de Tableaux anciens, composant la collection de feu M. Mailand. Paris, 2-3 mai, 1881; in-8 br., illustré de 8 eaux-fortes.

298 Catalogue de Tableaux anciens et modernes formant la collection de feu M. François Nieuvenhuys. Paris, 28 avril 1881 ; in-8 br., illustré de 7 eaux-fortes.

299 Catalogue de Tableaux anciens, composant la collection de M. Roxard de la Salle, de Nancy. Paris, 28 mars 1881 ; in-8 br., illustré de 7 eaux-fortes.

300 Catalogue de Tableaux modernes, vente Sedelmeyer. Paris, 30 avril-2 mai 1877 ; in-8 br., illustré de 29 eaux-fortes.

301 Sous ce numéro il sera vendu, par lots, environ 2,000 Portraits et Vignettes.

302 Un lot de Portefeuilles.

Ve Renou, Maulde et Cock, impres de la Compagnie des Commissaires-Priseurs, rue de Rivoli, 144. 35150

Ve RENOU, MAULDE et COCK
IMPRIMEURS DE LA COMPAGNIE DES COMMISSAIRES-PRISEURS
Rue de Rivoli, 144.

www.ingramcontent.com/pod-product-compliance
Ingram Content Group UK Ltd.
Pitfield, Milton Keynes, MK11 3LW, UK
UKHW020525180726
13839UKWH00005B/2322

9 782329 509518